W9-AVO-202

L'auteur
Dominique de Saint Mars

Après des études de sociologie,
elle a été journaliste à *Astrapi*.
Elle écrit des histoires
qui donnent la parole aux enfants
et traduisent leurs émotions.
Elle dit en souriant qu'elle a interviewé
au moins 100 000 enfants...
Ses deux fils, Arthur et Henri,
ont été ses premiers inspirateurs !
Prix de la Fondation pour l'Enfance.
Auteur de *On va avoir un bébé*,
Je grandis, *Les Filles et les Garçons*,
Léon a deux maisons et
Alice et Paul, copains d'école.

L'illustrateur
Serge Bloch

Cet observateur plein d'humour
et de tendresse est aussi un maître
de la mise en scène.
Tout en distillant son humour généreux
à longueur de cases, il aime faire sentir
la profondeur des sentiments.

Lili est désordre

Série dirigée par Dominique de Saint Mars

© Calligram 1995, pour la présente édition
Tous droits réservés pour tous pays
Imprimé en Italie
ISBN : 978-2-88445-192-5

Ainsi va la vie

Lili est désordre

Dominique de Saint Mars

Serge Bloch

CALLIGRAM
CHRISTIAN GALLIMARD

9

11

12

14

Mais notre chambre est trop petite pour deux ! Je n'ai pas assez de place !

Et tu prends toute la place ! Moi, je range... d'ailleurs, je ne peux pas faire autrement !

Ben, montre comment tu ranges !

Non, c'est pas la peine.

16

Je vais d'abord chez Clara chercher son cahier de maths. Je ne retrouve plus le mien. Il faut que je recopie des exercices.

Tu as bien cherché partout ?

Bien sûr !

Les chaussettes sales dans le sac à linge sale, les cassettes sur les étagères, les livres de classe, là !

Ouais !

Tu comprends, c'est pareil pour ton travail !

Ça va, j'ai compris.

22

Je ne veux plus
que tu ranges ma chambre.
Tu ne comprends rien
à ma méthode.

Mais quelle
méthode ?

GRR...

24

Tu comprends, j'ai beaucoup d'activités, de jeux, un travail inhumain... J'ai trop de choses dans la tête !

Et moi, je n'ai rien à faire et je regarde la maison se ranger toute seule, c'est ça !

J'ai jamais assez de temps !

Je te dis que ça fait gagner du temps d'avoir de l'ordre.

Toi, tu aimes l'ordre pour l'ordre. Pour moi, chaque chose est importante. Si je range mon livre tout de suite et qu'après j'ai encore envie de lire, tu comprends... on ne sait jamais.

Je comprends très bien. Mais je t'assure que les quelques instants de rangement, ce sont des heures de liberté gagnées.

Si mes jeux sont tous enfermés, ma chambre, elle est triste !

Où il est, ce chouchou ? Tiens, génial, la cassette d'Am2 qu'on m'avait piquée !

Dis, maman, pour la sortie avec l'école, à quelle heure il faut se lever demain matin ?

Où est mon sac ? Ah ! le voilà.

Mais, attends, je ne trouve pas le billet de train !

Mais je sais ce qu'il y avait à peu près sur mon bureau !

Tu veux dire sur le haut du tas ?

Ouais, si tu veux. Laisse-moi me concentrer ! Je vois sur mon bureau avant que tu... mon classeur d'histoire, une chaussette violette, Tintin au Congo et le couvercle du jeu de scrabble, et un paquet de chips !

Tu ne penses qu'à jouer ! Tu m'épuises !

32

Mais non, maman, pas dans les chaussettes ! Cherche plutôt Tintin ! Moi, j'inspecte mon classeur !

Rien !

33

Le voilà ! Ça vaut le coup de perdre ses affaires, c'est tellement bon de les retrouver !

Mais on ne peut pas vivre tout le temps comme ça ?

Moi, j'aime les sensations fortes ! Le suspense !

Elles ne peuvent pas être très loin !
De la méthode !
Depuis que tu es rentrée, tu as fait
la tarte, non, dans l'ordre,
tu as téléphoné, j'ai rangé, enfin...
on a rangé ma chambre,
tu es descendue à la cave,
et tu es retournée
au garage pour
chercher...

La voiture !

40

Et toi...

Est-ce qu'il t'est arrivé la même histoire qu'à Lili ?

Sᴉ ᴛᴜ ᴇꜱ ᴅᴇ́ꜱᴏʀᴅʀᴇ...

L'es-tu dans ta chambre ? Dans la maison ?
Perds-tu tes affaires ?

J'ai oublié quelque chose mais j'ai oublié quoi....

Es-tu aussi désordonné dans ton travail ?
Fais-tu plusieurs choses en même temps ?

Mes poupées sont avec les chaussures et les cassettes avec les liquettes... Normal !

Sais-tu pourquoi tu es désordre ? Ça t'ennuie ?
As-tu ton « ordre à toi » ?

Est-ce que ça te gêne ? Est-ce que ça énerve
les gens qui vivent avec toi ?

N'as-tu plus le courage de ranger quand il y a
trop de désordre ? Aimerais-tu être aidé ?

Si quelqu'un de ta famille est maniaque de l'ordre,
as-tu envie de faire le contraire pour l'embêter ?

Aimes-tu l'ordre ? Es-tu content de toi
quand tu as réussi à organiser ton espace ?

Es-tu maniaque de l'ordre ?
Te sens-tu obligé de tout ranger ?

As-tu trouvé un jeu ou une façon amusante de
ranger ta chambre ? En musique ? En la décorant ?

As-tu des " trucs " de rangement : boîtes, étagères, valises, paniers à ballons, porte-manteaux, etc. ?

Souffres-tu du désordre de quelqu'un dans ta famille ?
As-tu un endroit rien qu'à toi ?

Penses-tu que ça fait gagner du temps
d'être ordonné et que c'est utile dans la vie ?

Après avoir réfléchi
à ces questions
sur le désordre,
tu peux en parler
avec tes parents ou tes amis.